RÉPUBLIQUE FRANÇAISE

MINISTÈRE DE LA GUERRE

PARIS
HENRI CHARLES-LAVAUZELLE
Editeur militaire
124, Boulevard Saint-Germain, 124
MÊME MAISON A LIMOGES

RÉPUBLIQUE FRANÇAISE

. MINISTÈRE DE LA GUERRE.

Direction du Génie; Bureau du Personnel.

Instruction pour l'admission à l'Ecole polytechnique en 1920 (concours normal) (1).

Document abrogé : *Instruction du 10 février 1919 pour l'admission à l'Ecole polytechnique en 1919.*

Paris, le 31 décembre 1919.

1º Dispositions générales.

L'Ecole polytechnique est destinée particulièrement à former des élèves pour les écoles d'application des services publics ci-après désignés :

Artillerie métropolitaine;
Artillerie coloniale;
Génie militaire;
Poudres;
Marine nationale;
Commissariat de la marine;
Corps des ingénieurs hydrographes;
Génie maritime;
Ponts et chaussées (métropole et colonies);
Mines;
Postes et télégraphes;
Manufactures de l'Etat;
Eaux et forêts,

et tous les autres services publics dont les fonctionnaires doivent posséder des connaissances étendues dans les sciences mathématiques, physiques et chimiques.

Nul n'est admis à l'Ecole que par voie de concours.

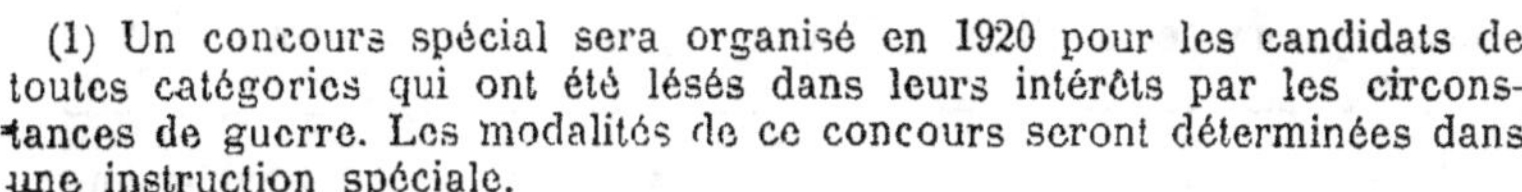

(1) Un concours spécial sera organisé en 1920 pour les candidats de toutes catégories qui ont été lésés dans leurs intérêts par les circonstances de guerre. Les modalités de ce concours seront déterminées dans une instruction spéciale.

Ecole polytechnique.   1

Le prix de la pension est de 1.000 francs par an; une somme de 100 francs doit, en outre, être versée pour former le fonds de masse individuelle de chaque élève.

Le prix du trousseau, obligatoirement fourni par l'Ecole, est fixé chaque année par un bordereau. Celui-ci, accompagné d'une liste d'objets que les élèves doivent apporter, est envoyé aux familles avec les avis d'admission.

Des gratuités partielles ou totales peuvent être accordées aux élèves dans les conditions indiquées au paragraphe 5, sous le titre : *Concession de places gratuites.*

A la fin de leur deuxième année d'études, les élèves qui ont satisfait aux examens de sortie choisissent parmi les places mises à leur disposition dans les différents services d'après leur rang sur la liste de classement.

Ils ne peuvent toutefois être admis dans un service public que s'ils ont l'aptitude physique nécessaire à ce service.

L'accomplissement de ces conditions ne suffit pas d'ailleurs pour constituer un droit à l'admission dans un service; cette admission est toujours subordonnée au nombre de places disponibles au moment de la sortie de l'Ecole.

Les anciens élèves qui ont satisfait aux examens de sortie peuvent sur leur demande obtenir un certificat portant leur numéro de classement de sortie.

2° Obligations militaires.

Les jeunes gens admis à l'Ecole polytechnique sont soumis aux obligations de la loi du 7 août 1913, art. 13, rappelées ci-dessous :

« Ils seront versés chaque année, pendant deux mois, dans un corps de troupe, à la date du 1er août, pour y servir la première année, comme soldats, la deuxième, comme sous-officiers et participeront aux grandes manœuvres.

« Ceux d'entre eux qui ne seront pas classés dans les armées de terre ou de mer feront deux ans de service à leur sortie de l'Ecole comme sous-lieutenants de réserve.

« Les jeunes gens admis à l'Ecole polytechnique devront contracter, lors de leur entrée à l'Ecole, un engagement de huit années au service de l'Etat (1). Cet engagement est annulé pour

---

(1) Si, pendant la durée des études, un élève est admis à redoubler une année à l'Ecole, cette année ne compte pas dans la durée de l'engagement.

les élèves de l'Ecole polytechnique qui, ayant satisfait aux examens de sortie, n'ont été classés dans aucun des services qu'ils avaient demandés.

« Les élèves de l'Ecole polytechnique qui n'ont pas satisfait aux examens de sortie et ceux qui ont quitté l'Ecole pour une cause quelconque, sont incorporés dans un corps de troupe, comme soldats, ou comme sous-officiers, pour y accomplir le complément des trois années de services exigées par la présente loi. Ce complément ne pourra être inférieur à deux ans.

« Dans ce cas, l'engagement qu'ils avaient contracté est annulé. »

3° Concours (1).

Sous les réserves du paragraphe suivant : « Conditions spéciales », nul ne peut être admis au concours s'il ne remplit les conditions suivantes :

1° Etre Français ou naturalisé Français;

2° Etre pourvu du certificat d'aptitude à la première partie des épreuves du baccalauréat de l'enseignement secondaire.

Sont dispensés de cette condition les candidats qui ont été compris dans les 150 premiers de la liste de classement à un concours d'admission à l'Ecole navale. Ces candidats devront joindre à leur dossier d'inscription une attestation qui leur sera délivrée à cet effet par le Ministre de la marine;

3° Avoir 17 ans accomplis et moins de 20 ans au 1er janvier 1920 (décret du 25 septembre 1918, annexe n° 1, classes 1920-1921-1922).

Conditions spéciales. — A) Seront seuls admis au concours normal de 1920 les candidats qui n'ont pas droit à la deuxième série du concours spécial de 1920.

---

(1) La disposition contenue dans l'article 14 de la loi du 7 août 1913, d'après laquelle nul ne peut être admis à passer le concours d'admission à l'Ecole polytechnique s'il ne justifie avoir fait en France les trois dernières années d'études qui ont précédé le concours, n'entrera en vigueur qu'à la fin de la troisième année qui suivra celle de la cessation des hostilités (loi du 6 juin 1919).

B) Les Alsaciens-Lorrains (1) autres que ceux ayant acquis la nationalité française du fait d'un engagement volontaire pourront être admis au concours à la condition de justifier que leurs ascendants vivants à la date du 20 mai 1871 étaient Français et ont perdu la nationalité française du fait du traité de Francfort.

C) La prorogation de la limite d'âge supérieure accordée par le décret du 25 septembre 1918 (annexe n° 1) sera applicable aux candidats alsaciens-lorrains et aux candidats des pays envahis (décret du 17 février 1919).

D) Les candidats antérieurement ajournés et reconnus aptes au service armé depuis leur inscription comme candidats ne seront incorporés qu'après l'achèvement de leurs examens.

Epreuves. — Le programme du concours est celui qui avait été établi pour 1915 (*B. O.*, n° 22 du 15 juin 1914, page 610), sous les réserves suivantes :

1° Langues vivantes (décision ministérielle du 23 novembre 1916, modifiée par les décisions insérées au *J. O.* du 7 août 1917 et du 11 mai 1918) (voir annexe n° 2).

2° Liste des auteurs français (*Journal officiel* du 27 juillet 1919, annexe n° 3).

3° Coupures dans le programme précité (*Journal officiel* du 9 septembre 1919, p. 9744) (voir annexe n° 4).

Les épreuves comprennent des compositions et des examens oraux. Ceux-ci sont publics. Ils comprennent des examens d'admissibilité ou du premier degré et des examens du second degré.

Sont dispensés des examens du premier degré les candidats admissibles des concours précédents, à moins qu'ils n'aient été privés de cet avantage par une décision du jury de classement d'admission institué par l'article 12 du décret du 13 mars 1894.

Les épreuves portent seulement sur les matières du programme, amendé comme il est spécifié dans les réserves ci-dessus, mais toutes les matières comprises dans ce programme amendé sont exigibles.

L'épreuve d'aptitude physique portera sur l'escrime, la gymnastique et l'équitation (*Journal officiel* du 5 juin 1919). Le programme des épreuves est donné à l'annexe n° 5.

---

(1) Ces jeunes gens pourront, au lieu du certificat d'aptitude à la première partie du baccalauréat de l'enseignement secondaire, produire un diplôme reconnu équivalent par le Ministre de l'instruction publique.

Compositions. -- Les compositions comprennent :

MATIÈRES DU CONCOURS.	DURÉE DES COMPOSITIONS	COEFFICIENTS.
	Heures	
1° Une première composition de mathématiques....	4	6
2° Une deuxième composition de mathématiques....	4	7
3° Une épure de géométrie descriptive.............	4	3
4° Un calcul.	1	1
5° Une composition de physique...................	3	6
6° Une composition de chimie.....................	3	3
7° Un dessin d'après la bosse........................	3	4
8° Un dessin graphique............................	3	3
9° Une composition française.................../..	4	10
10° Langue vivante obligatoire (anglais, allemand ou russe) version.	1 1/2	3
TOTAL des coefficients...........		46

11° Langue vivante supplémentaire (thème).......... 1 1/2
(donne lieu à un nombre de points égal au double de l'excès sur 10 de la note obtenue).

La composition de calcul numérique (4°) peut porter sur toutes les parties du programme: elle comporte l'usage de la règle à calcul et des tables centésimales à 5 décimales.

La composition de dessin graphique (8°) consiste dans l'exécution, à une échelle donnée, d'un croquis coté d'architecture ou de machines, dont certaines parties peuvent être couvertes de teintes conventionnelles.

La composition de dessin d'imitation consiste dans le dessin, d'après la bosse, d'un modèle de la collection des lycées. La désignation du modèle sera insérée au *Journal officiel* environ un mois avant la date de la composition.

Le dessin est apprécié de la manière suivante : une première note est attribuée à la mise en place du modèle; une seconde à l'habileté d'exécution. Cette seconde note reçoit dans le calcul de la moyenne un coefficient égal à la moitié de celui de la première note.

Examens du premier degré. — Les examens oraux du premier degré portent sur les mathématiques. Ils servent, avec les compositions de mathématiques, de physique, de chimie et de géométrie descriptive, à éliminer des examens oraux du second degré les candidats insuffisamment préparés. Les candidats non éliminés sont déclarés admissibles.

Les examinateurs du premier degré sont au nombre de trois, mais chaque candidat ne sera interrogé que par deux d'entre eux au plus. Pour partager uniformément les charges, les candidats seront répartis par la voie du sort entre les trois groupes différents qu'il est possible de former avec les trois examinateurs pris deux à deux. L'ordre de passage sera également fixé par la voie du sort.

Examens du second degré. — Les examens du second degré servent, concurremment avec les compositions, à déterminer le classement, par ordre de mérite, des candidats admissibles.

Les coefficients d'influence pour les examens du second degré sont fixés ainsi qu'il suit :

Mathématiques.. {	1ʳ examinateur.	25
	2ᵉ examinateur.	25
Physique.	14
Chimie.	7
Langues vivantes (allemand, anglais ou russe). . . . :	5
Aptitudes physiques : escrime 0,5 ; gymnastique 3 ; équitation 0,5.	4

$$\text{TOTAL des coefficients} \dots \dots \dots \dots \dots \quad 80$$

Avantages supplémentaires. — 1° Un avantage de 15 points est accordé aux candidats qui sont bacheliers avec la mention « philosophie » ;

2° Un avantage de 15 points est accordé aux candidats titulaires d'un diplôme de bachelier, mentionnant l'étude du latin ;

3° Avantage résultant de la présentation d'une deuxième langue vivante supplémentaire facultative (voir annexe n° 3).

Les avantages attachés respectivement à la philosophie, au latin et à la langue vivante supplémentaire peuvent être cumulés.

Sanctions des épreuves du concours. — Dans le jugement des compositions, on tiendra compte des qualités d'exposition et de rédaction.

La version faite dans la langue obligatoire est jugée au double point de vue de l'intelligence du texte et de la possession de la langue française.

Les notes d'appréciation des épreuves varient de 0 à 20.

Des correcteurs et des examinateurs assurent les opérations du concours. Ils sont nommés par le Ministre de la guerre et placés sous la direction du directeur des études. L'un des examinateurs remplit les fonctions de président du jury d'examen. Il reçoit les demandes de sursis et les réclamations des candidats.

Après la clôture des examens, le jury de classement, présidé par le général commandant l'Ecole, arrête la liste des candidats susceptibles d'être admis.

Présentation des pièces. — 1° Lorsqu'un candidat est bachelier avec la mention « latin » ou « philosophie », il présente son diplôme ou une pièce en tenant lieu (1) aux deux examinateurs de mathématiques du second degré; ceux-ci signalent alors le candidat comme ayant droit aux avantages dont il a été parlé plus haut;

2° Sauf excuse valable, dont les examinateurs sont juges, chaque candidat doit présenter les travaux suivants effectués par lui pendant la dernière année scolaire :

Aux examinateurs de physique et de chimie, des cahiers relatifs aux manipulations.

A l'examinateur de mathématiques qui l'interroge le premier, que ce soit au premier ou au deuxième degré, deux dessins d'imitation; deux dessins graphiques lavés; sept épures, dont une sur des projections cotées et six sur les intersections de surfaces courbes, deux de ces dernières étant relatives à des questions d'ombres.

Chaque compte rendu de manipulations, chaque dessin devra être daté et signé par le candidat, puis contresigné par le professeur qui en aura dirigé l'exécution. Des questions pourront être posées sur les travaux présentés. L'examinateur tiendra compte des réponses faites à ce sujet.

Dates et centres des examens. — Les compositions commenceront le vendredi 11 juin. Elles seront faites sur les mêmes sujets simultanément à Paris et dans les villes ci-après :

Alger, Amiens, Besançon, Bordeaux, Caen, Clermont-Ferrand, Dijon, Douai, Grenoble, La Flèche, Lille, Lyon, Marseille, Montpellier, Nancy, Nantes, Nice, Nîmes, Orléans, Paris, Poitiers, Reims, Rennes, Rouen, Toulouse, Tours, Versailles.

Aucun candidat ne sera autorisé à composer à une autre époque.

Les examens oraux auront lieu successivement dans les villes suivantes : Paris, Lyon, Montpellier, Marseille, Bordeaux, Nancy (2).

A Paris, les examens oraux commenceront le lundi 28 juin.

---

(1) Cette pièce doit émaner du secrétariat de la Faculté où le diplôme a été obtenu.

(2) Sauf modifications qui pourraient être nécessitées par le nombre des candidats et leur répartition dans les centres d'examens qu'ils auront choisis. Ces modifications seraient indiquées en temps utile dans un avis inséré au *Journal officiel.*

Des avis insérés au *Journal officiel* et publiés par les préfets feront connaître les dates précises des examens dans les autres centres.

Tous les candidats feront connaître, par écrit, au moment de leur inscription, les villes qu'ils choisissent comme centre de composition et centre d'examens oraux (1).

Ils se rendent dans ces villes aux dates fixées et sans attendre aucun avertissement particulier.

Un appel des candidats sera fait dans chaque centre le premier jour des examens du premier degré à 7 heures du matin, sauf avis contraire donné d'avance par les examinateurs.

A Paris, l'appel est fait par séries.

Alors même qu'ils ont passé tous les examens, les candidats ne doivent pas se considérer comme libres. Ils ne doivent se retirer qu'après y avoir été autorisés par le président du jury.

Eliminations et exclusions. — Est éliminé tout candidat qui, pour l'une des compositions, ne remet rien de plus que l'énoncé des questions posées.

Tout candidat classé ayant obtenu, pour l'une des épreuves, une note égale ou inférieure à 4 est déféré au jury de classement institué par l'article 12 du décret du 13 mars 1894. Il peut être rayé de la liste de classement.

Peut être exclu du concours, tout candidat qui, sans motif valable, a manqué à l'appel de son nom après avoir été régulièrement convoqué, soit par le *Journal officiel*, soit par les affiches des examinateurs.

Est exclu tout candidat qui trouble l'ordre ou qui est convaincu de fraude ou tentative de fraude de quelque nature que ce soit.

Les exclusions sont prononcées, soit par les commissaires surveillants des compositions, soit par les examinateurs, soit par le jury de classement.

Le candidat exclu peut en outre être déféré au jury de classement. Celui-ci, après avoir entendu les explications du candidat régulièrement appelé à les produire, se prononce sur l'application de l'une des peines suivantes : privation du bénéfice de l'admissibilité acquise pour les concours ultérieurs, exclusion de ces concours.

----

(1) Les candidats qui choisissent Paris comme centre d'examen oral ne sont pas admis à y choisir leur série. En particulier, ceux qui font les compositions à Paris ne sont pas admis à y passer l'oral avec les candidats de province.

4" Inscription.

Les candidats devront se faire inscrire le 1er avril au plus tard, à la préfecture du département où ils étudient. Nulle inscription ne sera admise après cette époque.

Les pièces à produire pour l'inscription sont :

1° L'*acte de naissance* du candidat et celui de son père, revêtus des formalités prescrites par la loi; ou bien, pour les Alsaciens-Lorrains naturalisés (1) et fils d'étrangers nés en France, toutes pièces justificatives, dûment établies;

2° Une pièce attestant que le candidat est pourvu du certificat d'aptitude à la première partie des épreuves du baccalauréat de l'enseignement secondaire (2), ou bien qu'il a été compris dans les 150 premiers de la liste d'admission à l'Ecole navale;

Pour les Alsaciens-Lorrains, le cas échéant, le certificat de maturité délivré par un lycée, gymnase, école réale supérieure (à l'exclusion des écoles réales) d'Alsace, de Lorraine ou d'un Etat allemand, et la justification indiquée au paragraphe B, des conditions spéciales;

3° Pour tous, une désignation par écrit des centres d'examens et de composition choisis par le candidat (3);

4° Pour tous, une déclaration du candidat indiquant la langue obligatoire choisie par lui et, le cas échéant, la langue facultative supplémentaire sur laquelle il désire être examiné. Les indications contenues dans cette déclaration doivent être reproduites sur la liste d'inscription des candidats à établir par le préfet. Toute déclaration présentée ultérieurement ne sera pas reçue;

5° Une déclaration sur papier libre de son représentant légal, père, mère ou tuteur, ou du candidat, s'il est majeur et jouit de ses biens, reconnaissant qu'il est en mesure de payer la pension ou, à défaut de cette déclaration, celle qu'il se mettra en instance pour obtenir une bourse.

---

(1) La justification à exiger d'un naturalisé pour preuve de sa naturalisation est la copie du décret présidentiel lui ayant accordé cette faveur ou une pièce permettant de retrouver ce décret au *Bulletin des lois*.

(2 Une copie certifiée par le commissaire de police suffit. Le document émané du secrétariat de la faculté doit être conservé par le candidat pour être présenté aux examinateurs.

(3) Ces choix une fois faits, aucun candidat ne sera autorisé à changer de centre que pour des motifs graves avec pièces à l'appui.

Le préfet enverra au général commandant l'Ecole polytechnique, 21, rue Descartes, le 5 avril, la liste des inscriptions définitivement close à la date du 1er avril avec les dossiers des candidats.

Les pièces fournies par les candidats qui ne seraient point admis à l'Ecole polytechnique leur seront ultérieurement restituées par la préfecture où l'inscription aura été effectuée.

5° Concession de places gratuites.

Des bourses et demi-bourses (avec ou sans trousseau) peuvent être accordées par le Ministre de la guerre dans les conditions prévues par la loi du 5 juin 1850, sur la proposition des conseils d'instruction et d'administration de l'Ecole réunis pour en délibérer en commun.

Dès la publication de la liste d'admission, les demandes de bourses adressées au Ministre de la guerre, sont remises par les intéressés (représentant légal de l'élève, père, mère ou tuteur, l'élève lui-même s'il est majeur et jouit de ses biens), au préfet du département de leur résidence, qui est chargé de l'instruction.

Formule de demande... (sur papier timbré) :

« Je soussigné (nom, prénoms et qualité), ai l'honneur de solliciter l'obtention d'une (bourse ou demi-bourse avec trousseau, demi-trousseau, ou sans trousseau) en faveur de mon... (nom et prénom), admis en qualité d'élève à l'Ecole polytechnique à la suite du concours de...

« Exposé des motifs spéciaux. »

(Signature.)

A Monsieur le Ministre de la guerre sous le couvert de M. le Préfet du département de... »

Les demandes doivent être accompagnées d'un engagement établi également sur papier timbré et légalisé par le maire (feuille distincte de la demande) dans la forme suivante :

« Je soussigné (1)   étant en instance pour obtenir une place gratuite à l'Ecole polytechnique en faveur de

---

(1) Nom, prénoms et qualité.

mon (1)   m'engage à rembourser au Trésor
le montant des frais de pension et de trousseau qui me seront
accordés dans le cas où il ne servirait pas au moins pendant dix
ans, y compris le temps passé à l'Ecole, dans celui des services
publics civils ou militaires auquel il aura droit d'être admis
d'après son numéro de classement sur la liste de sortie.

« A défaut de paiement du montant de ces frais de pension
et de trousseau, je déclare me soumettre à ce que le recouvrement en soit poursuivi par toutes voies que de droit.

« A   , le   •   19 (2). »

Au commencement de novembre, le préfet soumet au conseil municipal chaque demande appuyée de renseignements dé-
taillés sur les moyens d'existence, le nombre d'enfants et les
autres charges des parents, ainsi qu'un relevé du rôle des con-
tributions; il provoque une délibération du conseil à ce sujet; il
y joint ses observations et son avis, quand bien même la délibération serait défavorable.

Le travail du préfet, avec chaque dossier ainsi complété, doit
être envoyé au Ministre de la guerre avant le 30 novembre.

6° Admission et entrée à l'Ecole.

Les élèves sont nommés par le Ministre de la guerre d'après
la liste de classement arrêtée par le jury d'admission. La liste
d'admission est insérée au *Journal officiel.*

Chaque élève reçoit du général commandant l'Ecole un extrait
de l'arrêté de nomination.

Tout élève qui renonce au bénéfice de son admission doit
envoyer au Ministre, dans le plus bref délai, par l'intermédiaire
du général commandant l'Ecole, une lettre de démission. S'il
n'est pas majeur, il doit y joindre le consentement de son père
ou de son tuteur.

La liste d'admission à l'Ecole polytechnique sera définitivement close le 31 octobre de l'année du concours. Jusqu'à cette
date inclusivement, les élèves démissionnaires ou décédés de

---

(1) Fils, beau-fils, neveu, pupille, etc. Dans le cas où l'élève est majeur
et jouit de ses biens, cette pièce est établie par lui-même.

(2) L'attention est appelée sur ce que cette pièce doit être jointe à la
demande de bourse et non au dossier de l'inscription du candidat.

la nouvelle promotion seront remplacés en suivant l'ordre de classement.

Tout élève qui, sans excuse valable, ne se présenterait pas au commandant de l'Ecole dans les délais fixés par son avis d'admission serait considéré comme démissionnaire.

Dès la réception de son avis d'admission, chaque élève doit se mettre en instance pour se procurer les pièces qui lui sont nécessaires pour contracter son engagement.

Ces pièces sont :

1° Un extrait de son casier judiciaire (bulletin n° 2). A cet effet, il s'adresse au commandant du bureau de recrutement de sa subdivision de région en ayant soin de lui indiquer ses nom et prénoms, la date et le lieu de sa naissance, sa résidence actuelle, les noms et prénoms de ses père et mère;

2° Un certificat de bonnes vie et mœurs, du modèle n° 6 annexé au décret du 27 juin 1905 relatif aux engagements volontaires. A cet effet, il s'adresse au maire de son domicile; si sa famille, ne compte pas au moins une année de séjour dans la localité, il doit également produire un certificat du maire de la commune où elle était antérieurement domiciliée. Ces certificats, à l'exception de ceux qui sont délivrés à Paris, doivent être légalisés par le préfet ou le sous-préfet;

3° L'acte de naissance de l'élève, dûment légalisé. Cette pièce, qui doit être un extrait de l'acte authentique et non un bulletin de naissance, peut être établie sur papier libre pour service militaire;

4° En outre, tout élève qui a moins de 20 ans au jour de son entrée à l'Ecole doit se munir du consentement de son représentant légal, père, mère ou tuteur, ce dernier autorisé par une délibération du conseil de famille Cette pièce doit être légalisée par le maire du domicile du signataire. Dans le cas où ledit consentement est délivré par la mère de l'élève, ce consentement doit être appuyé d'un bulletin de décès du père, et cette pièce est également légalisée;

5° Tout élève qui a passé dans l'année devant un conseil de revision doit produire un certificat de position militaire qui lui est délivré, sur sa demande, par le commandant du bureau de recrutement dont il dépend. (Voir le modèle annexe n° 6).

Les candidats seront porteurs des pièces susmentionnées le jour de leur arrivée à l'Ecole.

Les certificats d'admission et les certificats d'aptitude physique, qui sont nécessaires pour contracter l'engagement de huit ans au service de l'Etat, seront délivrés aux élèves par le général commandant l'Ecole le jour de leur rentrée.

Dans le cas où les candidats admis appartenant aux régions envahies ne pourraient pas se procurer les pièces prévues aux paragraphes 1, 2, 3, 4 et 5 il appartiendra à l'autorité devant laquelle l'engagement est contracté, d'examiner, pour chaque cas particulier, les justifications dont elle croira devoir exiger la production pour remplacer les pièces susvisées.

Les élèves qui n'auraient pas été reconnus aptes au service militaire pour l'un des motifs ci-après :

Faiblesse de constitution, lorsque celle-ci paraît susceptible de s'améliorer avec le temps;

Vices de conformation et infirmités compatibles avec le service auxiliaire,

ne sont admis à l'Ecole qu'après une visite passée devant une commission composée :

Du général commandant l'Ecole;

D'un membre du conseil de perfectionnement représentant l'un des services civils qui se recrutent à l'Ecole et désigné annuellement par le Ministre;

Du médecin-chef de l'Ecole.

Cette commission s'assure que les vices de conformation ou infirmités dont certains élèves sont atteints ne font pas obstacle au port de l'uniforme, qu'ils ne sont pas de nature à les mettre hors d'état de suivre les cours et les exercices militaires de l'Ecole non plus qu'à les rendre impropres à un service public.

Les décisions de la commission sont prises à la majorité des voix et sont sans appel.

Tout élève qui n'est pas en instance pour obtenir une bourse doit, à son entrée à l'Ecole, remettre une déclaration sur papier timbré dûment légalisée, d'après laquelle son père, sa mère, son tuteur — ou lui-même s'il est majeur et jouit de ses biens — prend l'engagement suivant :

Je soussigné m'engage à verser dans une caisse du Trésor public, par trimestre et d'avance, le montant de la pension (ou demi pension) de (nom et prénoms du candidat).

A défaut de payement, je déclare me soumettre à ce que le recouvrement en soit poursuivi par toutes voies que de droit.

A   , le   19   .

(Légalisation.)   (Signature.)

Avant d'entrer à l'Ecole, tous les élèves qui n'ont pas déclaré demander une bourse doivent effectuer entr les mains du receveur-central de la Seine, d'un trésorier-payeur général ou d'un receveur particulier, le versement du prix du trousseau et celui du prix de la pension pour le premier trimestre de l'année scolaire; ils en produisent le récépissé au trésorier de l'Ecole.

Tous les élèves, pensionnaires, boursiers ou demi-boursiers, doivent verser au trésorier, au moment où ils entrent à l'Ecole, la somme de 100 francs (cent francs) formant le fonds de la masse individuelle.

Les élèves non majeurs dont le représentant légal, père, mère ou tuteur, ne réside pas à Paris ou à proximité de Paris, doivent avoir un correspondant dûment accrédité auprès du général commandant l'Ecole.

La présente instruction annule et remplace l'instruction du 10 février 1919.

Paris, le 31 décembre 1919.

ANNEXE N° 1.

Décret relatif à la détermination des limites d'âge pour l'admission à l'Ecole polytechnique.

Paris, le 25 septembre 1918.

RAPPORT AU PRÉSIDENT DE LA RÉPUBLIQUE FRANÇAISE.

Monsieur le Président,

Aux termes de la loi du 24 avril 1916, abrogeant celle du 7 avril 1914, les limites d'âge d'admission à l'Ecole polytechnique sont fixées par décret à la diligence du Ministre de la guerre, après avis des Départements ministériels intéressés.

C'est en exécution de cette disposition législative qu'ont été rendus les décrets des 5 mai 1916, 25 janvier 1917 et 14 août 1917, fixant l'âge d'admission aux concours respectifs de 1916, 1917 et 1918.

Conformément aux avis du conseil de perfectionnement de l'Ecole polytechnique et du général commandant l'Ecole, j'ai l'honneur de vous proposer de maintenir, non seulement pour le prochain concours, mais encore pour les concours suivants et jusqu'à nouvel ordre, les limites d'âge qui ont été fixées par le décret du 14 août 1917, en vue du concours de 1918.

En conséquence, le projet de décret qui vous est soumis dispose que les candidats au concours d'admission à l'Ecole polytechnique devront avoir 17 ans accomplis et moins de 20 ans au 1ᵉʳ janvier de l'année du concours.

Il rappelle, en outre, d'une part, que, pour les candidats incorporés, la limite d'âge est reculée de façon à leur réserver la possibilité de se présenter à un même nombre de concours que si les concours avaient eu lieu normalement; d'autre part, que le concours spécial réservé, après la cessation des hostilités, aux candidats sous les drapeaux entrera en ligne de compte parmi ces concours.

Si vous donnez votre adhésion aux dispositions contenues dans ce projet de décret, j'ai l'honneur de vous prier de vouloir bien le revêtir de votre signature.

Veuillez agréer, Monsieur le Président, l'hommage de mon respectueux dévouement.

Le Président du Conseil, Ministre de la guerre,
Georges CLEMENCEAU.

DÉCRET.

Le Président de la République française,

Sur le rapport du Président du Conseil, Ministre de la guerre;

Vu la loi du 24 avril 1916;

Vu l'avis des Ministres de l'instruction publique et des beaux-arts, des travaux publics et des transports, des finances, de la marine, du commerce, de l'industrie, des postes et des télégraphes, des transports maritimes et de la marine marchande, de l'armement et des fabrications de guerre,

Décrète :

Art. 1er. Les candidats au concours d'admission à l'Ecole polytechnique devront avoir 17 ans accomplis et moins de 20 ans au 1er janvier de l'année du concours.

Art. 2. Pour les candidats incorporés qui, en raison de leur présence sous les drapeaux, n'ont pu prendre part aux concours normaux ou qui ont pris part au concours de 1914 interrompu par la guerre, la limite d'âge est reculée de façon à leur réserver la possibilité de se présenter à un même nombre de concours (y compris le concours spécial) que si les concours avaient eu lieu normalement.

Pour les jeunes gens non incorporés, le fait d'avoir pu se présenter en 1916 leur supprime toute prolongation de la limite d'âge en compensation de l'absence du concours de 1915.

Art. 3. Le Ministre de la guerre est chargé de l'exécution du présent décret qui sera publié au *Journal officiel* de la République française et inséré au *Bulletin officiel* du ministère de la guerre.

Fait à Paris, le 25 septembre 1918.

R. POINCARÉ.

Par le Président de la République :

Le Président du Conseil, Ministre de la guerre,
Georges CLEMENCEAU.

ANNEXE N° 2.

LANGUES VIVANTES.

Ecole polytechnique.

Décision ministérielle du 23 novembre 1916 relative aux langues vivantes dans le concours d'admission à l'Ecole polytechnique.

a) *Nombre et nature des langues à admettre au concours d'admission.*

1° *Langues obligatoires.* — Les candidats à l'Ecole polytechnique pourront présenter au concours d'admission soit l'anglais, soit l'allemand, soit le russe à leur choix.

Le coefficient sera unique pour les trois langues.

2° *Langues complémentaires.* — Les candidats pourront demander à être examinés sur une langue vivante complémentaire, choisie parmi les suivantes : anglais, allemand ou russe (en dehors de celle de ces trois langues désignée par le candidat comme langue obligatoire), italien, espagnol, arabe ou toute autre langue légale acceptée par le Ministre.

Le nombre des points supplémentaires à attribuer au candidat sera égal au double de l'excès sur 10 de la note obtenue.

b) *Connaissances exigées des candidats et nature des épreuves.*

I. — *Langues obligatoires.* — Le programme des connaissances exigées des candidats comprendra :

1° Connaissance de l'orthographe, de la grammaire et des règles de la syntaxe;

2° Traduction de textes de langue étrangère en langue française;

3° Traduction de textes français en langue étrangère;

4° Lecture d'autographes choisis dans la langue courante;

5° Conversation courante en langue étrangère.

Les auteurs des programmes seront les suivants :

Allemands.

Gœthe : *Egmont; Campagne in Franckreich.*
Heine (Garnier) : *Extraits (Sigwalet)*, p. 143-249 et p 289-336;
Heine (Hachette) : *Extraits (Sucher)*, p. 104 à fin du recueil.

Mathis (Garnier) : *Peintures allemandes* (première partie).
Andler (Delagrave) : *Das moderne Deutschland*, p. 157-245 et p. 385-855.
Loiseau.
Sénil (Didier) : *Erzæhlende prosa*, p. 112-213 et 387-477.
Wolfrem.
André (Hachette) : *Deutschland* (livres I, IV et V).

Anglais.

J.-R. Seeley : *The Expansion of England.*
Creasy : *Decisive battles of the World* (Edition « Every man's Library ».
Thackeray : *Esmond.*
Emerson : *English traits.*
R.-L. Stevenson : *Treasure Island.*
R. Kipling : *The day's Work.*

Russes.

Lermontov : *Un héros de notre temps.*
L.-N. Tolstoi · *La Guerre et la Paix* (1re et 2e parties.)
N.-V. Gogol : *Tarass Boulba.*
I.-S. Tourguenev : *Les récits d'un chasseur.*
A.-P. Tchexhov : *Pièces de théâtre* (tome VII des œuvres).
Dostoievski : *Les pauvres gens.*

Les candidats auront à justifier de leurs connaissances au moyen d'épreuves écrites et orales qui seront les suivantes :

Épreuves écrites.

1° Un thème (texte facile du vocabulaire usuel);
2° Une version (texte de prose de difficulté moyenne).

Les deux épreuves auront lieu sans lexique ni dictionnaire.

Epreuves orales.

1° Lecture à haute voix, et traduction d'un passage pris dans les trois ouvrages que le candidat aura lui-même choisis dans la liste des auteurs inscrits au programme;
2° Analyse en langue étrangère d'un texte extrait d'un journal ou d'une revue non technique;
3° Entretien en langue étrangère sur ce texte;
4° Lecture d'un autographe choisi dans la langue vivante.

II. — *Langues complémentaires.* — Le programme comprendra :

1° Connaissance de l'orthographe, de la grammaire et des règles de syntaxe;

2° Traduction de textes de langue étrangère en langue française;

3° Traduction de textes français en langue étrangère.

Les candidats auront à justifier de leurs connaissances au moyen d'épreuves écrites qui seront les suivantes :

1° Un thème (texte facile de vocabulaire usuel);

2° Une version (texte de prose de difficulté moyenne).

Les deux épreuves auront lieu sans lexique ni dictionnaire.

Dans les thèmes de langue allemande, il doit être fait obligatoirement usage des caractères de l'écriture allemande.

Décision ministérielle du 4 août 1917
(J. O. du 7 août 1917).

Sont supprimés pour le concours de 1918 :

Le thème en langue obligatoire;

La version en langue complémentaire;

La lecture d'un autographe;

L'analyse d'un texte extrait d'un journal ou d'une revue non technique, l'entretien en langue étrangère devant se faire non plus sur ce texte, mais sur celui de l'un des ouvrages choisis par le candidat. Le nombre des ouvrages à choisir par le candidat dans la liste des auteurs inscrits au programme sera réduit de trois à deux.

Nota. — La lecture d'un autographe est rétablie pour le concours de 1920.

Décision ministérielle du 7 mai 1918.
(J. O. du 11 du même mois.)

A la liste des auteurs anglais énumérés dans la décision ministérielle du 23 novembre 1916, ajouter :

Rances: *Tellers of Tales* (Hachette).

Schweitzer et Cazamian : *English Reader* (A. Colin).

Gibb, Roulier et Stryienski : *Modern English Reader Third Part* (H. Didier).

Guillaume : *Lectures anglaises*, 2° et 3° années (Delagrave).

ANNEXE N° 3.

MINISTÈRE DE LA GUERRE.

(Extrait du Journal officiel *du 27 juillet 1919.)*

École polytechnique.

Programme des connaissances exigées pour l'admission à l'Ecole polytechnique, en 1920, en ce qui concerne la composition française.

COMPOSITION FRANÇAISE.

Le sujet de la composition française sera choisi dans les matières du programme suivant :

Eléments de philosophie scientifique. — La science. — Classification des sciences. — Méthodes des diverses sciences : sciences mathématiques : sciences morales et sociales.

Eléments de philosophie morale. — Morale personnelle : sentiment de la responsabilité; la dignité personnelle et l'autonomie morale.

Morale sociale : l'idée du droit et les divers droits des hommes; justice et charité; solidarité.

Morale civique : la nation et la loi; l'Etat et ses fonctions; la démocratie; la patrie.

Morale internationale; le respect des traités et conventions. — Sanctions et garanties des traités et conventions. — La doctrine allemande du droit de la force et le droit des petits peuples à l'existence. — Devoirs de solidarité entre nations.

LISTE DES AUTEURS.

D'ALEMBERT : Discours préliminaire de l'encyclopédie (édition Ducros, Delagrave 1893 ou édition Picavet, Armand Colin 1894).

Alfred DE VIGNY : *Servitude et grandeur militaire* (livre III); *La vie et la mort du capitaine Renaud* ou *La Canne de jonc* (plusieurs éditions).

J.-M. DE HEREDIA : *Les trophées* (I); *Les conquérants* (huit sonnets); *Les conquérants de l'or* (édition Lemerre).

SULLY-PRUDHOMME : *La France* (poésies 1872-1878, Lemerre).

ANNEXE N° 4.

Génie. — École polytechnique.

COUPURES AU PROGRAMME D'ADMISSION
POUR LE CONCOURS NORMAL DE 1920.

MATHÉMATIQUES.

Algèbre. — Produit de deux déterminants. — Toute fonction rationnelle et symétrique des racines s'exprime rationnellement en fonction des coefficients. — Elimination d'une inconnue entre deux équations au moyen des fonctions symétriques.

Recherche des racines commensurables. — Théorème de Descartes.

Intégration des équations différentielles (entièrement).

Méthode d'approximation de Newton.

En outre, on ne demandera pas de justifications ou de démonstrations sur les sujets suivants :

Définition de a^x pour x incommensurable.

Théorème $f''x\,y = f''y\,x$ sur les dérivées partielles des fonctions de plusieurs variables.

Multiplication des séries entières. Continuité, dérivation et intégration de ces séries.

Trigonométrie. — On ne demandera pas de démonstrations, mais les élèves doivent connaître les formules du programme, savoir les appliquer et être familiarisés avec l'usage des tables trigonométriques. Toutefois, les élèves n'auront pas à connaître la formule fondamentale de la trigonométrie sphérique.

Géométrie analytique. — Construction d'expressions algébribriques.

Cordes supplémentaires.

Rapport anharmonique de quatre points ou de quatre tangentes sur une conique (entièrement). — Aucune question ne sera posée au sujet des faisceaux de coniques et de quadriques.

Formules d'Euler.

Variation de la courbure des sections normales en un point simple d'une surface.

En outre, on ne demandera pas la démonstration des théorèmes d'Apollonius.

Mécanique. — Dynamique (entièrement).

Statique. — Machines simples.

Géométrie descriptive. — Représentation et intersection de prismes et de pyramides.

Résolution des trièdres.

Intersection d'une droite avec une hyperboloïde de révolution ou un paraboloïde.

Développement des sections planes des cônes et des cylindres.

PHYSIQUE.

Optique. — Transformations successives d'une surface aplanétique par la méthode Foucault. — Lentilles de Fresnel.

Chaleur. — Dilatations; courbes de dilatation; coefficients de dilatation. — Méthode du comparateur pour la dilatation linéaire des solides. — Dilatation absolue du mercure. — Principe de la méthode de Dulong et Petit et de Regnault. — Cas particulier de l'eau.

Electrostatique. — (Entièrement).

Magnétisme. — (Entièrement).

CHIMIE.

Phénomènes physiques. — Les divers états de la matière. — Dissolution. — Cristallisation. — Polymorphisme. — Isomorphisme.

Phénomènes chimiques. — Corps purs. — Corps simples et corps composés. — Métalloïdes. — Métaux. — Allotropie.

Enoncé du principe de l'état initial et de l'état final. Travail maximum de Berthelot.

Notions très sommaires sur la théorie des ions.

Acide bromhydrique.

Acide iodhydrique.

Oxydes métalliques : leur classification; action des acides sur les divers groupes d'oxydes.

Acide hydrosulfureux. Analogie du sélénium et du tellure avec le soufre.

Sels ammoniacaux. Hydroxylamine.

Acide hypophosphoreux.

Anhydride et acide arséniques. Méthame. Sulfocarbonates. Cyanogène. Acide cyanhydrique.

Hydrogène silicié.

Chlorure et fluorure de bore.

ANNEXE N° 5.

PROGRAMME DE L'ÉPREUVE D'APTITUDE PHYSIQUE.

I. — Education physique.

Les candidats subissent les épreuves pratiques d'éducation physique proprement dite prévue au chapitre III de l' « Instruction ministérielle du 5 décembre 1917 » (Instruction ministérielle relative aux épreuves mentionnant la préparation au service militaire de la jeunesse), pour l'obtention des certificats de préparation au service militaire, savoir :

a) Un saut en hauteur, sans élan;

b) Un saut en hauteur, avec élan;

c) Un saut en longueur, sans élan;

d) Un saut en longueur, avec élan;

e) Une course de 60 mètres;

f) Une course de 800 mètres;

g) Un grimper (à un arbre ou à un mât, de 20 à 30 centimètres de diamètre à 1^m,20 du sol);

h) Un lancer, avec l'une ou l'autre main (grenades, poids divers, objet de 650 grammes);

i) Un lever à deux mains (gueuse ou sac de terre de 18 kilos).

Ces épreuves sont exécutées suivant les règles fixées par le guide pratique d'éducation physique approuvé par le Ministre de la guerre à la date du 14 octobre 1916 (annexe 1).

Elles sont notées de 5 à 10, suivant le barème des performances inséré dans ce document et reproduit dans l'instruction ministérielle du 5 décembre 1917, pour l'obtention du C. P. S. M.

Les notes ainsi attribuées seront transposées dans l'échelle de 0 à 20.

II. — Escrime.

Les exercices prévus au programme sont définis dans le manuel d'escrime du 6 mars 1908, publié par le Ministre de la guerre.

1re partie. — Exercices obligatoires :

Escrime au fleuret : les neuf séries d'exercices.

2e partie. — Exercices facultatifs :

Escrime au fleuret : assaut.

III. — Équitation.

1° *Voltige*. — Travail de pied ferme sans élan et avec élan;

2° *Travail préparatoire*. — Amener son cheval sur le terrain, sauter à cheval et à terre. Position du cavalier à cheval. Assouplissements. — L'étrier. — Monter à cheval et mettre pied à terre. Le trot enlevé.

3° *Travail en bridon*. — Les jambes et les rênes Le pas, marcher et arrêter. Tourner à droite et à gauche. Marcher à main droite et à main gauche. Marche circulaire. Le trot. Le galop. Doubler. Changer de main.

(Ces exercices sont définis dans le règlement provisoire de cavalerie du 14 mai 1912.)

ANNEXE N° 6.

CLASS E DE 19 .

COMMUNE

d

ARRONDISSEMENT

d

CANTON

d

N°   au tableau de recensement cantonal.

(1) Reconnu bon pour le service armé.
Reconnu bon pour le service auxiliaire.
Ajourné.
Exempté de tout service militaire.

RÉPUBLIQUE FRANÇAISE

LIBERTÉ. — ÉGALITÉ. — FRATERNITÉ

Bureau de recrutement d

CERTIFICAT DE POSITION MILITAIRE.

Le commandant du Bureau de recrutement soussigné certifie que M.

né à   , département de

le   , fils de

et de   ; candidat à l'Ecole polytechnique, a été inscrit sur les tableaux de recensement de la classe 192 et qu'il a été (1)

par le conseil de revision.

Fait à la   , le

(*Signature.*)

Direction du Génie; Bureau du Personnel.

Additif à l'instruction du 31 décembre 1919 pour l'admission à l'Ecole polytechnique en 1920 (concours normal).

Document modifié : *Instruction du 31 décembre 1919 pour l'admission à l'Ecole polytechnique en 1920, concours normal.*

Paris, le 31 janvier 1920.

1. — Les majorations pour services militaires prévues par la note du 7 août 1917, et reproduites dans l'instruction relative au concours spécial de 1920, sont applicables, pour le concours normal, aux candidats qui ont été mobilisés pendant la guerre.

II. — L'examen d'aptitude physique est obligatoire pour tous les candidats au concours normal.

Toutefois, les candidats qui, par suite de blessures de guerre ou d'infirmités contractées aux armées, ne pourraient passer cer taines épreuves d'aptitude physique, en seront dispensés.

Il leur sera attribué, pour ces épreuves ou parties d'épreuves, la moyenne des notes obtenues par eux dans les autres épreuves physiques.

Au cas où ces candidats ne pourraient subir aucune épreuve d'aptitude physique, la note sera égale à la note moyenne de leur examen d'admission (écrit et oral).

L'inaptitude à prendre part à ces épreuves sera constatée par un certificat médical. Les candidats seront examinés en présence des officiers examinateurs par un médecin militaire qui donnera son avis sur ceux des mouvements exigés dont il y aura lieu de les dispenser.

Il demeure entendu qu'à la sortie de l'Ecole l'admission de ces jeunes gens dans les services de l'Etat restera subordonnée aux conditions d'aptitude physique spéciales à chacun de ces services.

Direction du Génie; Bureau du Personnel.

Instruction pour l'admission à l'Ecole polytechnique en 1920
(concours spécial).

Paris, le 31 décembre 1919.

Une deuxième série du concours spécial d'admission à l'Ecole polytechnique institué par la note ministérielle du 7 août 1917 (*Journal officiel* du 9 août) aura lieu en 1920.

Cette deuxième série d'examens, qui achèvera les opérations du concours spécial, sera réservée exclusivement aux candidats sous les drapeaux ou démobilisés remplissant les conditions d'âge prévues par le décret du 25 septembre 1918 et n'ayant pas participé à la première série du concours spécial en 1919.

Ces candidats ne seront pas autorisés à prendre part au concours normal de 1920 aux lieu et place de la deuxième série du concours spécial.

Avec cette deuxième série sera épuisé le droit à un concours spécial reconnu, aux jeunes gens mobilisés, par la note ministérielle du 7 août 1917 susvisée. Aucun candidat ne sera admis, les années suivantes, à bénéficier du programme réduit, ni des dispositions particulières au concours spécial et, seuls, les concours normaux resteront ouverts avec le même programme à toutes les catégories de candidats, qu'ils aient été mobilisés ou non. Pour tous les jeunes gens qui avaient droit au concours spécial, ce concours leur sera compté au nombre de ceux auxquels ils ont encore droit par recul de la limite d'âge, qu'ils aient effectivement participé ou non à ce concours.

Il est rappelé :

1° Qu'aux termes de l'instruction sur le concours spécial de 1919 sont considérés comme ayant participé au concours spécial les jeunes gens qui ont été admis aux cours de préparation de Strasbourg, Metz, Besançon et Nancy, même s'ils n'ont pas pris part effectivement à ce concours, à moins qu'ils ne justifient d'avoir été empêchés par cas de force majeure de subir les épreuves;

2° Qu'aux termes de l'instruction du 15 mars 1917 pour l'admission à l'Ecole polytechnique en 1917 les candidats incorporés qui ont pris part au concours normal de 1917 ont perdu leur droit au concours spécial organisé à la fin des hostilités.

Tous les candidats éliminés du concours spécial pour les causes énumérées ci-dessus ont la faculté de se présenter au concours normal de 1920, si le recul de la limite d'âge, dont ils bénéficient en vertu des dispositions du décret du 25 septembre 1918, le leur permet.

Pourront prendre part au concours spécial les jeunes Alsaciens-Lorrains ayant recouvré la nationalité française par l'engagement volontaire prévu par la loi du 5 août 1914 et remplissant les conditions générales exigées des autres candidats.

Les candidats qui auront été évacués des armées pour blessures ou infirmités contractées aux armées et ceux définitivement renvoyés dans leurs foyers pourront passer le concours, quel que soit leur degré d'inaptitude physique, sous réserve qu'ils remplissent les conditions exigées des autres candidats et qu'à la sortie de l'Ecole polytechnique leur admission dans les services de l'Etat restera subordonnée aux conditions d'aptitude physique spéciales à chacun de ces services.

PROGRAMME DU CONCOURS.

Le programme des épreuves du concours sera identique à celui de la première série du concours spécial de 1919, inséré dans l'instruction du 5 juin 1919.

Il comportera donc, par rapport au programme des épreuves du concours normal de 1920, les réductions ci-après :

Suppression des compositions de calcul, de chimie, de dessin graphique, de la version en langue vivante obligatoire.

Les coefficients attribués aux épreuves supprimées à l'écrit sont reportés sur les autres épreuves de même matière conservées, savoir :

Le coefficient de calcul sur les compositions de mathématiques;

Le coefficient de dessin graphique sur l'épure;

Le coefficient de la composition de chimie sur l'examen de chimie.

Le coefficient de la version de langue vivante sur l'épreuve orale.

La moyenne générale des épreuves sera attribuée aux candidats blessés pour les compositions qu'en raison de leur infirmité ils ne pourraient pas faire.

L'épreuve d'aptitude physique est supprimée.

MAJORATIONS POUR SERVICES MILITAIRES.

1 point par mois de présence sous les drapeaux, plus 1 point par mois de présence aux armées comptant pour l'obtention des brisques.

5 points par citation à l'ordre du régiment ou de la brigade.

10 points par citation à l'ordre de la division ou du corps d'armée.

15 points par citation à l'ordre de l'armée.

20 points si le candidat est décoré ou médaillé (sans cumul avec la citation qui a entraîné l'inscription au tableau pour la croix ou la médaille militaire).

10 points par blessure de guerre.

10 points si le candidat est sous-officier (ou aspirant).

15 points s'il est officier à titre temporaire.

20 points s'il est officier à titre définitif (sans cumul avec la majoration précédente).

En aucun cas, le total des points de majoration résultant du barème ci-dessus ne pourra dépasser un maximum qui est fixé à une fois et demie le total des coefficients inscrits au programme.

Des points de majoration fixés ainsi qu'il suit sont accordés aux candidats prisonniers de guerre ou originaires des régions envahies rentrant dans les catégories ci-après :

a) Jeunes gens stationnés pendant la guerre en pays envahis
et prisonniers civils.

Points de majoration pour présence sous les drapeaux.

b) Prisonniers militaires.

1° Pour tous ces candidats :

Points de majoration pour présence sous les drapeaux.

2° En outre, pour ceux qui ont été faits prisonniers alors qu'ils étaient blessés ou qu'ils étaient malades dans une formation sanitaire et pour ceux qui se sont évadés :

Points de majoration pour présence aux armées.

Ces majorations seront décomptées à partir de la date d'incorporation de la classe des intéressés ou de leur entrée au service.

Les jeunes gens stationnés pendant la guerre en pays envahi mais non prisonniers civils n'ont droit à aucune majoration de ce fait.

Il est rappelé :

1º Que le séjour des militaires candidats à l'Ecole polytechnique dans les centres de préparation de Strasbourg, Metz, Besançon et Nancy et dans les centres d'instruction d'élèves aspirants ne saurait en aucune façon être assimilé à une présence effective dans la zone des armées;

2º Que le décompte des points de majoration sera arrêté à la date de l'ouverture des examens.

Les points de majoration pour présence aux armées cessent d'être décomptés à partir du 24 octobre 1919 pour les candidats appartenant aux formations stationnées en deçà de la nouvelle frontière.

Les points de majoration pour présence sous les drapeaux cessent d'être décomptés aux candidats qui ont été affectés dans des centres universitaires par application de la circulaire du 22 octobre 1919, pour le temps pendant lequel ces jeunes gens sont détachés de leur corps pour suivre les cours de mathématiques spéciales.

DATES ET CENTRES D'EXAMENS.

Les compositions écrites commenceront le 11 juin 1920 en même temps que celles du concours normal.

Les centres des compositions et des examens oraux seront désignés en temps opportun.

Nota. — Les candidats n'auront à présenter aux examinateurs de mathématiques du 2º degré d'autre pièce — s'ils sont bacheliers avec la mention « latin » ou « philosophie » — que le diplôme de ce baccalauréat ou une pièce justificative en tenant lieu.

Les dispositions relatives à l'inscription et aux délais ouverts pour son dépôt à la préfecture sont celles fixées pour le concours normal de 1920.

Toutefois les pièces à fournir pour l'inscription seront les suivantes :

1° L'acte de naissance du candidat et celui de son père, revêtus des formalités prescrites par la loi, ou bien pour les Alsaciens-Lorrains, naturalisés (1) et fils d'étrangers nés en France, toutes pièces justificatives dûment établies;

2° Une pièce attestant que le candidat est pourvu du certificat d'aptitude à la première partie des épreuves du baccalauréat de l'enseignement

---

(1) La justification à exiger d'un naturalisé pour preuve de sa naturalisation est la copie du décret présidentiel lui ayant accordé cette faveur ou une pièce permettant de retrouver ce décret au *Bulletin des lois*.

secondaire (1) ou bien qu'il a été compris dans les 150 premiers de la liste d'admission à l'Ecole navale.

Pour les Alsaciens-Lorrains, le cas échéant, un diplôme reconnu équivalent par le Ministre de l'instruction publique;

3° Pour tous les candidats militaires démobilisés, ainsi que pour les évacués des armées pour blessures ou maladies contractées aux armées et définitivement renvoyés dans leurs foyers, un état signalétique et des services.

Pour les réformés, exemptés et ajournés, un certificat de position militaire, constatant leur inaptitude ou leur réforme;

4° Un relevé du modèle ci-joint (annexe I) destiné à permettre le calcul des points de majoration.

Pour les candidats des régions envahies, une pièce justifiant la date de leur libération;

5° Une désignation des centres d'examens et de compositions (2);

6° Une déclaration du candidat indiquant la langue obligatoire choisie par lui et, le cas échéant, la langue facultative supplémentaire sur laquelle il désire être examiné. Les indications contenues dans cette déclaration doivent être reproduites sur la liste d'inscription des candidats à établir par le préfet.

Aucune modification à cette déclaration ne sera acceptée ultérieurement;

7° Une déclaration sur papier libre de son représentant légal, père, mère ou tuteur, ou du candidat, s'il est majeur et jouit de ses biens, reconnaissant qu'il est en mesure de payer éventuellement la pension ou, à défaut de cette déclaration, celle qu'il se mettra en instance pour obtenir une bourse.

Les formalités relatives aux demandes éventuelles de places gratuites sont celles définies pour le concours normal.

---

(1) Une copie certifiée par le commissaire de police suffit. Le document émané du secrétariat de la faculté doit être conservé par le candidat pour être présenté aux examinateurs.

(2) Ces choix une fois faits, aucun candidat ne sera autorisé à changer de centre que pour des motifs graves avec pièces à l'appui.

ANNEXE

Instruction concernant la participation au concours spécial d'admission à l'Ecole polytechnique en 1920 des candidats Alsaciens-Lorrains qui ne prendront pas part au concours normal.

Un concours d'admission à l'Ecole polytechnique est ouvert aux Alsaciens-Lorrains en même temps que le concours spécial. Les conditions d'âge sont celles définies par le décret du 25 septembre 1918.

La prorogation de la limite d'âge supérieure, accordée par ce décret aux candidats aux concours d'admission à l'Ecole polytechnique mobilisés, est applicable aux candidats alsaciens-lorrains.

CONDITIONS D'ADMISSION.

Tous les candidats devront posséder, soit le certificat d'aptitude à la première partie du baccalauréat de l'enseignement secondaire, soit le certificat de maturité délivré par un lycée, un gymnase, une école réale supérieure (à l'exclusion des écoles réales) d'Alsace, de Lorraine ou d'un État allemand.

Les candidats devront justifier, soit qu'ils ont acquis la nationalité française par l'engagement volontaire prévu par la loi du 5 août 1914, soit que leurs ascendants vivants à la date du 20 mai 1871 étaient Français, et ont perdu la nationalité française du fait du traité de Francfort.

Le concours dont il s'agit comptera dans le nombre des concours auxquels les candidats ont droit en raison de leur âge ou de la prorogation de la limite d'âge qui leur a été accordée.

PROGRAMME DU CONCOURS.

Le programme du concours sera celui du concours spécial.

Les épreuves écrites seront celles imposées à tous les candidats au concours spécial. Toutefois, aucune d'elles ne sera éliminatoire.

L'examen oral portera sur le programme général d'admission, mais toute latitude sera laissée aux examinateurs pour s'en écarter s'ils le jugent utile.

Ces épreuves revêtiront le caractère d'un examen de capacité, ayant pour but de se rendre compte si les candidats sont en mesure de suivre avec fruit les cours de l'Ecole.

Aucune épreuve scientifique ne sera passée en allemand.

Le nombre des candidats à admettre ne sera arrêté qu'à l'issue des examens et leur classement sera établi en dehors de la liste générale d'admission; une fois admis, les candidats suivront tout l'enseignement intérieur de l'Ecole; ils participeront avec les candidats provenant du concours spécial aux examens et au classement de sortie; celui-ci ne comportera qu'une liste unique comprenant tous les élèves admis à ces deux concours, quelle que soit leur origine, avec le droit pour tous de choisir une des carrières légalement ouvertes aux élèves de l'Ecole.

DATES ET CENTRES D'EXAMENS.

Les épreuves auront lieu aux mêmes dates que celles du concours spécial.

INSCRIPTION.

Les candidats dont les ascendants vivants à la date du 20 mai 1871 étaient Français et ont perdu la nationalité française du fait du traité de Francfort adresseront leurs demandes au commissaire général de la République française en Alsace-Lorraine, lequel statuera sur ces demandes dans les conditions définies par l'additif à l'instruction du 10 février 1919 sur l'admission à l'Ecole polytechnique en 1919, additif inséré au *Journal officiel* du 15 avril 1919 et concernant les candidats naturalisés Français.

Pour les candidats ne rentrant pas dans la catégorie ci-dessus, les inscriptions seront reçues dans la préfecture du département où ils étudient.

La clôture des délais d'inscription est fixée au 1er avril. Les préfets, le commissaire général de la République française en Alsace-Lorraine enverront au général commandant l'Ecole poly technique, à Paris, 21, rue Descartes, le 5 avril, terme de rigueur, les listes d'inscription avec les dossiers des candidats.

Les pièces à fournir par les candidats en vue de leur inscription seront celles prévues à l'instruction pour le concours spécial, avec cette modification que les pièces demandées par les paragraphes 1°, 2°, 3° seront remplacées par toutes pièces utiles justifiant que les candidats remplissent les conditions exigées par la présente instruction pour l'admission au concours (situation militaire et civile, âge, scolarité).

Paris, le 31 décembre 1919.

ÉCOLE POLYTECHNIQUE.

CONCOURS SPÉCIAL DE 1920

Majorations militaires.

Nom et prénoms du candidat :
Grade. { A titre temporaire :
{ A titre définitif :

| Date de nomination :
| Date de nomination :

			OBSERVATIONS.
Présence sous les drapeaux (*a*).	Du	au (*a*)	(*a*) Pour les candidats encore sous les drapeaux, cette date sera arrêtée à la date de l'ouverture des examens.
Présence aux armées (comptant pour l'obtention des brisques).	1° Du (*b*) 2°	au à (*c*)	(*b*) Indiquer le commencement et la fin de chaque période de présence dans la zone des armées.
Citations dans l'ordre suivant :	1ʳ A l'ordre d (*d*)	. le (*e*)	(*c*) Indiquer le lieu ou la région. — compter sous cette rubrique, s'il y a lieu, le temps passé en captivité — mais ne pas y faire figurer le temps d'internement en pays neutre.
Régiment. Brigade. Division. Corps d'armée. Armée.			(*d*) Indiquer le numéro du régiment, de la brigade, etc.
Médaille militaire.	Le (*f*)		(*e*) Indiquer la date de la citation.
Légion d'honneur.	Le (*f*)		(*f*) Indiquer la date.
Blessures de guerre.	(*g*)		(*g*) Indiquer le nombre de blessures de guerre constatées par un certificat.
A	, le 19		(*Signature.*)

NOTA. — Extrait de l'Instruction pour l'admission en 1920 :
« Exclu est lu tout candidat … qui est convaincu de fraude ou de tentative de fraude de quelque nature que ce soit. »

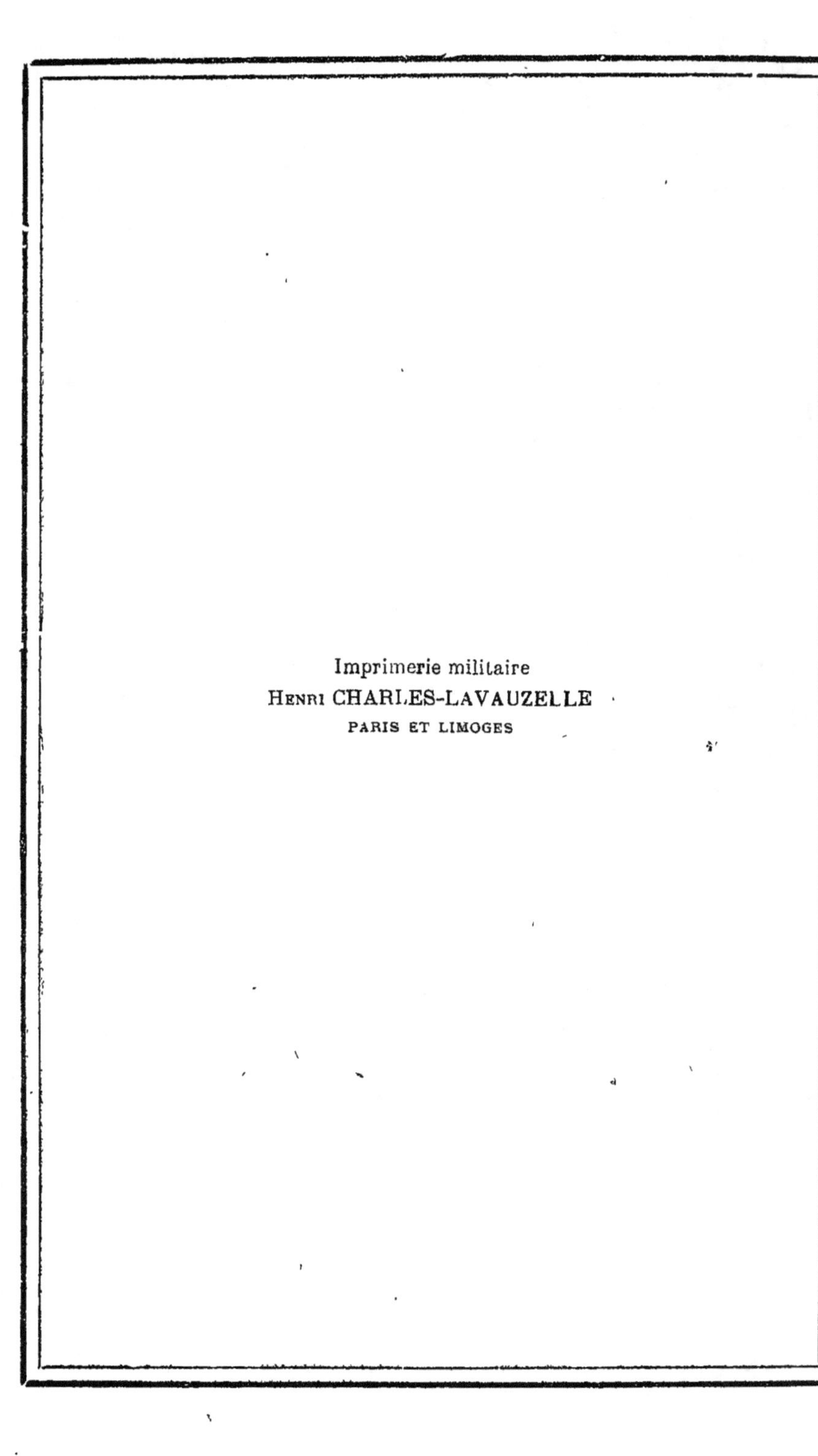

Imprimerie militaire
Henri CHARLES-LAVAUZELLE
PARIS ET LIMOGES